LA RUSSIE

ET

L'AFFAIRE DREYFUS

Prix : **10** Centimes

PARIS

P.-V. STOCK, ÉDITEUR

10, 11, Galerie du Théâtre-Français, 8, 9, 10, 11

—

1898

La Russie et l'Affaire Dreyfus

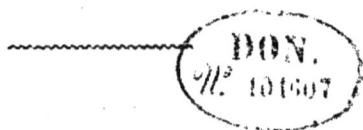

« Ce que nous défendons, c'est le bon renom de la France à l'étranger », disait M. Méline dans son discours du 22 janvier 1898, « et flatteurs d'applaudir. » Aussi, eut-on soin d'étouffer les déclarations formelles et officielles des gouvernements qui affirmaient sur l'honneur n'avoir jamais eu de rapports avec Dreyfus ; aussi les forcenés ne manquaient-ils pas de s'exclamer, chaque fois qu'on leur montrait des extraits de journaux belges, hollandais, danois, suédois, anglais, condamnant l'attitude du gouvernement dans l'affaire Dreyfus-Esterhazy : « La preuve que Dreyfus et consorts sont des traîtres et des vendus, c'est que tous les ennemis de la France les soutiennent. »

Mais que diront-ils si la Russie, la grande alliée, élève à son tour la voix pour critiquer, pour s'indigner, pour s'affliger ? Ici, il ne saurait être question de parti-pris hostile, puisqu'il s'agit d'une nation amie. Or, dès le lendemain de la singulière démarche de M. de Pauflin de Saint-Morel auprès d'Henri Rochefort, voici ce qu'écrivait une personne bien placée pour connaître l'opinion des cercles politiques et militaires de Saint-Pétersbourg :

Vous ne pouvez vous faire une idée de la stupéfaction que l'on éprouve ici de la résolution arrêtée du gouvernement français de ne rien connaître de l'affaire Dreyfus, sous l'étonnant prétexte qu'elle s'est passée sous un gouvernement précédent. mais plus encore des singulières démarches faites par le chef de l'état-major. le général de Boisdeffre, auprès de M. Henri Rochefort, rédacteur en chef de l'*Intransigeant*. On sait bien que le général ne s'est pas dérangé,

mais on sait que son chef de cabinet, M. de Pauffin de Saint-
Morel, s'est rendu chez M. Rochefort et personne n'a été
dupe du désaveu officiel et de la punition de trente jours
d'arrêts infligée par le général à son subordonné.

M. de Boisdeffre a reçu à Moscou et partout sur son pas-
sage en Russie, lorsqu'il y est venu représenter le gouvernement de la République française à la cérémonie du
couronnement, un cordial et chaleureux accueil, tant du tsar
Nicolas, petit-fils d'Alexandre II et fils d'Alexandre III,
tous deux amis de la France, que des populations
russes.

De retour en France, le général de Boisdeffre a oublié évi-
demment les amis de Russie. Qu'est-ce à dire? Le chef de
l'Etat-major français, sur lequel il nous faut bien compter,
nous aussi — car qui peut dire que la paix de l'Europe soit
assurée?— n'a pas voulu comprendre qu'il allait se décon-
sidérer auprès de ses frères d'armes de l'armée russe, auprès du gouvernement de Sa Majesté Nicolas II, en prenant
pour avocats d'une cause douteuse les deux hommes qui ont
le plus fait en France pour mettre un obstacle à l'alliance
si forte aujourd'hui de nos deux nations, MM. Henri Rochefort et Alphonse Humbert.

Si on les a oubliés en France, on n'a pas perdu en Russie
le souvenir des abominables articles écrits par ces deux
hommes, au lendemain de l'assassinat du tsar Alexandre II,
contre son successeur, Alexandre III, le loyal ami de la
France. On sait qu'ils ont tous deux applaudi, à cette époque
au crime qui mettait toute la Russie en deuil; on sait qu'ils
ont alors déversé des flots d'injures sur votre illustre com-
patriote, Gambetta, alors président de la Chambre des dépu-
tés, parce qu'il avait exprimé devant la Chambre son horreur du crime accompli. Et l'on se demande ici ce que peut
bien signifier cette amitié étroite entre les insulteurs du tsar
Alexandre III et les chefs de l'Etat-major français.

Un mois plus tard, Zola publie dans *l'Aurore* son
article « J'accuse... », et le journal *Syne Otiechestwa*
(Fils de la Patrie), s'écrie :

Emile Zola est l'homme du jour. On ne peut que l'envier.
D'un côté, il a le rare bonheur de se dire qu'il a mis sa personne au service d'une cause grande et noble ; d'un autre
côté, il a trouvé un écho sympathique dans le monde entier.
Tous ceux qui, en France et ailleurs, portent un nom honorable, tous ceux qui forment la parure intellectuelle des
pays civilisés, tous ceux qui sont à l'avant-garde de l'humanité, se sont rangés avec un élan remarquable du côté de
Zola. Et cette sympathie universelle est le verdict sévère,
mais juste, sur la conduite honteuse de la clique fanatisée
qui insulte Zola, parce que sa conscience ne lui permettait

pas d'assister froidement et lâchement à la curée des bêtes sauvages contre un malheureux exilé.

Les fanatiques qui clâment contre Zola sont une honte pour la France. Ils l'abreuvent journellement de leurs injures qui dénotent, chez eux, une absence complète de sens moral, du plus vulgaire bon sens même.

En réalité, quelle est l'origine de toute cette honteuse campagne ?

Il s'agit, au fond, de l'affaire Dreyfus Or. cette affaire est complètement inconnue ; personne ne la connaît. Personne ne sait si le capitaine Dreyfus est coupable ou innocent ; personne ne sait s'il est traître ou non. Personne ne sait s'il est la victime d'une erreur judiciaire ou non ; personne ne sait s'il est la victime d'un mauvais vouloir ou non. Ceux qui demandent passionnément la revision du procés Dreyfus, comme ceux qui protestent contre la revision, ne savent rien sur le fond de cette affaire. Nous-mêmes, nous ne pouvons pas affirmer si Dreyfus est coupable ou innocent ; mais nous affirmons que la question n'est pas là. Dreyfus a été jugé dans des circonstances telles que, même parmi les amis les plus sincères et les plus fidèles de la France, on a des doutes sur la légalité de sa condamnation ; des doutes d'autant plus fondés que le malheureux a été jugé dans des conditions particulières, qui, aux yeux des gens sincères et de bonne foi, ne présentent pas toutes les garanties de la justice. Il est évident que l'imperfection des règlements, la non-observation des garanties dues aux inculpés, la routine et le formalisme donnent lieu partout à des erreurs judiciaires, à des condamnations trop sévères, passionnées et injustes ; mais quand des hommes honnêtes et droits s'élèvent contre de pareilles erreurs, qui oserait les en blâmer ? Est-ce parce que une erreur de ce genre a pu être commise dans l'affaire Dreyfus, que les adversaires fanatiques de la revision s'attaquent à Zola et à tous ceux qui ne croient pas à l'infaillibilité de jugements humains? Si Dreyfus est coupable, un nouveau jugement. toutes portes ouvertes cette fois, ne pourra que confirmer le jugement à huis clos. Alors, pourquoi ces clameurs, ces manifestations, cette boue journellement déversée sur les partisans de la revision ? Ce qu'on gagnera par une nouvelle condamnation, c'est ceci : tout le monde saura et verra que le coupable a été condamné justement et la conscience publique sera satisfaite.

Les adversaires de la revision invoquent la raison d'Etat, l'honneur de l'armée et autres motifs tout aussi ridicules dans la circonstance et inventés pour les besoins de leur cause honteuse. Nous ne voyons aucun obstacle sérieux à la revision du procés, et nous nous rangeons entièrement du côté de Zola. Quant aux adversaires fanatiques de la revision, l'histoire marquera ces fils dénaturés de notre siècle du sceau infamant de l'impudeur et de l'inconscience, de la haine malfaisante et brutale.

Si le « Fils de la Patrie » se « range entièrement du côté de Zola », le « Fils de l'humanité » qu'est le comte de Tolstoï n'en est pas éloigné, puisque après avoir déclaré au reporter du *Courrier de Moscou*, qui l'interviewait à ce sujet, qu'il « n'admirait pas beaucoup le talent littéraire de Zola », il ajouta : « Je suis profondément convaincu du désintéressement de Zola. En écrivant sa lettre, il fit tout ce qu'il pouvait et *devait* faire. »

Et M. Zola lui-même reçoit de Russie de nombreux témoignages de sympathie et d'admiration, entre autres cette lettre du savant bien connu Jacques Novicow :

Odessa, le 3 février 1898.

Monsieur,

Les véritables amis de la France en Russie sont profondément affligés. Ils considéraient le pays de Voltaire et de La Fayette comme la forteresse inexpugnable des idées de justice et de tolérance. La France était leur dernier espoir. Ils pensaient que si un nouveau moyen âge devait s'appesantir sur l'Europe continentale, la France seule ne reculerait pas et resterait ce qu'elle a été si longtemps, un phare brillant dans les ténèbres.

Les derniers événements causent de profondes appréhensions. Est-il possible que la France, elle aussi, se laisse aller aux passions réactionnaires ? S'il est des coupables, il faut les juger publiquement, au grand jour. Mais vouloir établir des tribunaux d'exception, vouloir restaurer cet ancien régime dont on ne veut plus dans le monde entier, serait pour la France la plus désastreuse des éclipses. Elle sera grande aussi longtemps que son génie large et lumineux ne subira aucune atteinte. Voilà pourquoi nous sommes de cœur avec ces hommes généreux, qui, en dépit de toutes les résistances, veulent la lumière complète sur l'affaire Dreyfus, qui veulent donc sauver l'honneur de leur patrie.

Agréez, monsieur, l'expression de mes sentiments les plus dévoués.

J. Novicow.

A Paris, les événements se précipitent : Zola est poursuivi, son procès va commencer et à la veille de l'ouverture de la session de la cour d'assises, c'est encore dans le *Syne Otetchestva* que nous lisons :

Dès à présent, on doit prévoir que l'auditoire ne sera pas

favorable à Zola, loin de là. Les officiers qui viendront déposer à la barre seront tous fidèles à « la conspiration du silence ». Des cris, des vociférations, des insultes partiront de cet auditoire contre Zola, ainsi que des applaudissements pour les boutons de cuivre et pour le panache. Tout cela est à prévoir d'avance.

Mais la vérité triomphera de ces manœuvres. Il n'existe qu'une seule vérité; la loi et le droit doivent être les mêmes pour tous. Si une erreur judiciaire a été commise, il faut la réparer. Et, demander cette réparation n'est pas porter atteinte au patriotisme et à l'honneur de l'armée. Le déporté de l'île du Diable est-il coupable ou innocent, personne ne le sait. C'est le gouvernement seul qui détient les preuves; c'est lui seul qui peut faire la lumière dans cette affaire. Il refuse de la faire et, avec une ironie sanglante, il demande aux partisans de la revision de faire la preuve de l'innocence de l'exilé. C'est du plus pur Tartufe.

Quelle que soit l'issue du procès Zola, l'Europe intellectuelle et généreuse, les pays civilisés du monde entier ont déjà prononcé le verdict : Zola est acclamé partout, et son titre de défenseur de la justice et de la vérité survivra peut-être bien longtemps à ses œuvres littéraires.

C'est aussi l'avis du *Novosti* :

N° 27, 27 *janvier* (8 *février*) 1898

Nos dépêches de Paris montrent à quel degré d'exaspération sont arrivés les ennemis de la vérité vraie et de la justice juste. Le procès Zola n'est qu'une étape vers la lumière. *Le verdict du jury, de quelque nature qu'il soit, n'arrêtera pas la démonstration de la vérité, et plus on accumulera d'obstacles, plus la lumière jaillira avec force.* A l'heure qu'il est, on ne sait vraiment pas comment le gouvernement français pourra s'opposer à la revision, d'après nous inévitable du procès Dreyfus.

A mesure que le procès se déroule, le découragement augmente en Russie. On lit dans les *Rousskia Wiedomosti* (les Annales russes, de Moscou) :

N° 29, 29 *janvier* (10 *février*)

La populace de Paris n'a jamais eu encore une si bonne occasion pour manifester contre la liberté, contre l'égalité, contre la fraternité. Pourtant, tous les édifices publics, là-bas, portent gravés sur leurs frontispices les mots : Liberté, égalité, fraternité. Ce ne sont pas précisément ces idées-là que la foule proclame. Les cris sauvages: « A mort Zola! A mort les Juifs! » expriment mieux ses sentiments. Un siècle s'est écoulé depuis la grande Révolution, et ce sont les pays étrangers qui doivent rappeler à la France les prin-

cipes immortels de liberté et de justice. Ce spectacle produit
une impression douloureuse sur tous les amis sincères du
peuple français. La presse du monde entier se range du côté
des quelques journaux français qui osent remonter le courant créé par des feuilles immondes qui sèment la discorde,
la haine et le fratricide. La conduite de tels fanatiques est
un outrage à l'humanité.

Et on lit dans le *Syne Otetchestwa*, à peu près à la
même date :

Quel douloureux spectacle Paris offre aujourd'hui à
l'Europe!

*La presse néfaste, la presse vénale a soufflé une atmos-
phère pestilentielle sur la foule.* Elle a réveillé ses pires
instincts, elle s'est jouée audacieusement des sentiments les
plus purs. Le peuple en délire oublie son passé illustre et
les hommes qui furent sa gloire. Sourd à la voix de la tolérance et de la fraternité, il vocifère éperdument : « Mort aux
juifs! »

*De misérables marchands de papier noirci entassant
mensonges sur infamies,* battent monnaie, avec l'ignorance
et le fanatisme, sur le dos de l'infortuné Dreyfus et de
ses coreligionnaires, et leur unique souci est de gagner de
l'argent.

D'autres, les politiciens, se promènent indifféremment les
mains dans les poches, uniquement préoccupés de ce seul
but : le renouvellement de leur mandat de député.

D'autres, enfin, nagent entre les deux courants. Ils sont
à vendre au plus offrant.

*Seule, la minorité, l'élite, soutient la cause de celui qui
a été injustement et illégalement condamné.*

Et dire que toutes ces hontes s'étalent sous nos yeux à la
fin du xixᵉ siècle, dans cette France au génie de laquelle
nous rendons hommage depuis tant de siècles; dans cette
France où l'amour de la liberté a pris naissance; dans ce
pays devant qui s'incline l'Univers entier, car la France
a plus fait pour l'émancipation de la personne humaine
et pour la grandeur de l'humanité que toutes les autres
nations.

Puis l'auteur de cet article s'étonne que l'affaire
Dreyfus ait dégénéré en une campagne antisémitique,
qu'il flétrit, et qui n'a « aucun rapport avec elle ».

Les juifs ont tout accaparé! Quelle sottise! L'argent ne
connaît ni nationalité, ni confession, ni caste. Un usurier
juif nommé Abraham vaut un usurier chrétien qui s'appelle
Pierre ou Paul. Allons plus loin : l'usurier chrétien est plus

hideux peut-être, car le dogme du Christ prêche l'amour du prochain. Et quand Drumont, ou quelque autre imbécile, affirme que tous les juifs sont usuriers de naissance, il oublie que le christianisme est sorti du judaïsme.

Nous estimons, en conséquence, que les émeutes antisémitiques de France et d'Algérie sont fomentées *par les mêmes gredins* qui organisent à Paris des meetings antirevisionnistes. Tout a été mis en œuvre pour faire diversion à l'affaire Dreyfus, pour faire intervenir la police, la force armée et détourner l'orage sur la tête des revisionnistes.

Les hommes néfastes qui ont épaissi les ténèbres et étouffé la vérité comparaîtront un jour devant la postérité et devant l'histoire, cette implacable justicière.

C'est encore contre l'antisémitisme que se révolte le *Syne Otetchestva* du 12/24 février :

A Paris, l'antisémitisme et le chauvinisme marchent de front. La foule inconsciente et stupide crie : « Mort aux juifs ! » et « Vive l'armée ! » En province, en Algérie, les incendies s'allument, les scènes de pillage, les meurtres se multiplient. Telle est la situation.

Au Parlement, M. Barthou, ministre de l'intérieur, prononce de belles phrases pompeuses sur l'égalité des races et des religions en France.

Le lendemain, des boutiques juives sont saccagées et, dans les meetings antisémites, la croisade s'organise, et sur les places publiques de Paris sont proférés des cris de mort ! Sur qui retombe la responsabilité de ces menées odieuses ? Sur un gouvernement incapable de vouloir, incapable d'agir, fermant hypocritement les yeux et laissant un noble pays, jusqu'à ce jour tolérant et libre, se transformer, sous l'impulsion d'une poignée d'immondes braillards, en un foyer d'antisémitisme et de cléricalisme.

Mais un autre mal aussi grave que l'antisémitisme nous menace, et notre grande alliée s'en alarme pour nous : le militarisme. Voici ce qu'en pense le *Moskowski Westnik* du 12/24 février :

C'est une grave atteinte aux droits de la défense que l'intervention théâtrale de l'État-major dans le procès Zola. Voilà un déplorable exemple donné aux autres pays par la France. Les nations inférieures, où l'instruction et la culture étaient moins avancées qu'en France, et qui avaient coutume de chercher chez elle leurs inspirations, ne reconnaissent plus la patrie de Voltaire, de Hugo, de Zola. Il y a cent ans, la France a signé de son sang la « Déclaration des droits de l'homme et du citoyen ». *A l'heure actuelle, elle laisse écraser la vérité et la justice sous la botte du militarisme.*

Et le *Norosti* de la même date :

Le procès Zola n'a été qu'une lugubre parodie de la justice. L'illustre écrivain français va expier maintenant son effort héroïque. Il va subir une condamnation qu'il n'a pas méritée. Croyez-vous que cette infâme sentence fermera la bouche aux défenseurs de Dreyfus ? Croyez-vous qu'on puisse enrayer ce mouvement impétueux, cette poussée irrésistible ? D'ailleurs, le procès Zola nous a révélé un autre mal : l'empiètement du pouvoir militaire sur le pouvoir civil. La faute en est à ce gouvernement sans énergie et sans honnêteté qui n'a pas su prévoir ce qui devait arriver. On a vu des généraux bottés, chamarrés et emplumés se présenter à la barre pour dire au jury : « Condamnez cet homme, sinon nous démissionnons et la France est perdue ! » Triste spectacle ! l'anarchie ou la dictature militaire en sont l'inéluctable résultante. L'État-major a pesé de tout son poids sur la conscience des jurés. Cela nous prouve qu'il a dû agir de même pour impressionner les juges qui ont condamné Dreyfus et acquitté Esterhazy.

Cette idée de la pression exercée sur les juges de Dreyfus et d'Esterhazy se retrouve dans un article du *Bigewia Wiodernosti* :

Le procès Zola a fait monter à la surface les instincts ignobles d'une tourbe, d'une populace qui se dit patriote. Quel écœurement pour notre Russie, amie du peuple français, d'assister à cet abominable spectacle !

Le procès Zola démontre jusqu'à l'évidence que les affaires traitées au grand jour de la Cour d'assises sont dirigées avec la plus criante partialité. *S'il en est ainsi en Cour d'assises, que penser des tribunaux militaires français, surtout quand ils prononcent à huis clos !* Si l'acquittement d'Esterhazy a fortifié nos doutes sur la régularité de la condamnation de Dreyfus, le procès de Zola a transformé ces doutes en une certitude absolue.

La même idée est encore exprimée dans cet extrait de la *Pétersbourgaia Gazeta* :

Pendant que l'agitation grondait à Paris, nous nous sommes tenus à l'écart, ne prenant parti ni pour Zola ni contre lui, ni pour ou contre Dreyfus, ni pour ou contre Esterhazy. « Mais après les infamies qu'Émile Zola a subies « en Cour d'assises, nous n'avons plus le droit de garder « cette attitude d'expectative et nous nous ralliions résolu- « ment au parti du grand romancier persécuté. »

Allons plus loin. Puisqu'il est avéré qu'à la Cour d'assises on a agi si fortement sur l'esprit des jurés, qu'elle n'a pas dû être la pression exercée sur les juges militaires par leurs supérieurs hiérarchiques.

Voici maintenant l'opinion d'un correspondant de la *Soudebnaya Gazeta* :

La théorie et la pratique du droit sont parfaitement d'accord pour établir que ce n'est pas la justice qui produit des erreurs judiciaires, mais la partialité des hommes.

Antisémitisme, militarisme, partialité, de tout cela la presse russe n'hésite pas à imputer la responsabilité à notre gouvernement ; le *Novosti* le fait en ces termes :

C'est un fait désormais historique que des généraux en activité de service sont venus à la Cour d'assises jeter leur sabre dans la balance de la justice pour terroriser un jury français. Ils ont exhibé leurs galons, leurs plumets, leurs chamarrures. Ils ont proféré des menaces de guerre, des menaces de démission collective. Il s'agissait pour eux de confirmer le verdict rendu contre l'infortuné Alfred Dreyfus, et d'innocenter un Esterhazy !

Nous sommes loin de penser avec l'Agence Havas, que des difficultés internationales eussent surgi à la divulgation de ces fameux « documents secrets » de l'Etat-Major. On ne se battra pas pour si peu de chose...

Ah ! le gouvernement français n'a pas à se plaindre des généraux de l'Etat-Major ! Ils ont bien joué le rôle qu'il leur avait imposé. Il eût été plus honorable pour lui et pour eux de recourir à des moyens honnêtes pour sortir de cette impasse.

Nous lisons encore dans le *Novosti :*

Par la revision de l'affaire Dreyfus, faite au moment opportun, le gouvernement aurait pu arrêter tout malentendu.

Et quelques jours plus tard dans le même journal :

En pleine Cour d'assises, devant les hommes de loi, devant les jurés, devant l'auditoire frémissant, un des témoins est venu affirmer à la barre que l'Etat-major possède depuis deux ans un document secret qui établit la culpabilité de Dreyfus. Cette solennelle déclaration a été apportée par le général de Pellieux, le magistrat militaire qui avait fait l'instruction du procès Esterhazy. Ce document n'est il pas un faux ? La revision seule de l'affaire Dreyfus l'établira.

Assurément l'inévitable revision est retardée aujourd'hui

par la crise aiguë qui sévit à Paris. *Mais qui donc a provoqué cette crise, sinon le gouvernement, par sa conduite équivoque et ses scandaleux atermoiements ?* Il eût été de son honneur, de sa gloire de prendre l'initiative de cette revision. Il ne l'a pas voulu. S'il avait fait son devoir à temps, *il eût épargné à un grand pays comme la France une indélébile flétrissure.*

A l'heure présente, les passions sont exaspérées ; les haines féroces ; on se jette à la face les épithètes de vendu, de félon. *Quelle lourde responsabilité pour les lâches fauteurs de ces troubles ! Quel aveuglement chez les hommes qui détiennent le Pouvoir !*

L'attitude du lieutenant colonel Picquart arrache des cris d'admiration à la *Gazette de Moscou :*

12, 24 Février 1898

Le procès Zola a mis en lumière une personnalité extrêmement sympathique, le lieutenant-colonel Picquart. C'est un rude homme, loyal et fier; son langage est net, son attitude d'une parfaite correction. Si jamais il est donné à l'armée russe de combattre aux côtés de l'armée française contre un ennemi commun, nous serons heureux de rencontrer dans les rangs français des officiers comme Picquart. Par contre, la seule idée de nous trouver sur le champ de bataille coude à coude avec un Esterhazy, ses protecteurs ou ses frères d'armes, nous fait horreur et honte.

Sur l'ensemble de cette triste affaire, le *Syne Otetchesica* du 18 février s'exprime ainsi :

L'affaire Dreyfus est certainement une des causes les plus retentissantes du siècle qui finit. *Elle résume et symbolise la décadence de ce peuple, jadis grand, aujourd'hui hypnotisé par la terreur de la vérité.*

Le point de départ de toute cette affaire est un mensonge. Sur ce mensonge initial s'est greffée une longue série d'autres mensonges. Lorsque des gens qui se croient habiles ont jeté dans le débat, pour justifier leur opposition à l'inévitable revision, *le soi disant honneur de l'armée,* cette manœuvre déloyale n'a servi qu'à leur donner un peu de répit. Pour parler franc, en quoi l'honneur de l'armée française peut-il être atteint par les tripotages des politiciens ? Et, si la revision prouve qu'il existe au grand Etat-major un groupe de coupables, en quoi cette constatation, pénible assurément, déshonorerait-elle l'armée ?

Le jour où une collectivité se sentira offensée qu'on lui expose les fautes ou les crimes d'un des siens, la vie en société deviendra impossible.

Mais, de toutes les voix venues de Russie, celle qui
s'est élevée avec le plus de force à la fois et de modé-
ration, avec le plus d'autorité, sans contredit, contre
l'antisémitisme, contre les « tribunaux secrets », contre
l'illégalité du procès Dreyfus, contre l'attitude de l'Etat-
Major et du gouvernement, c'est celle de M. Zakrewski,
membre du Sénat de l'Empire et Président de la Cour
de Cassation de Russie. Aussi croyons-nous ne pouvoir mieux terminer cette série d'extraits de journaux
russes qu'en reproduisant *in extenso* les deux articles
qu'il publia dans la *Juriditcheskaya Gazeta* (Journal
juridique) :

Cette affaire intéresse particulièrement les hommes de
loi, parce qu'elle montre, avec une clarté évidente, combien
il est dangereux d'outrepasser les limites fondamentales de
la justice, en mêlant à une affaire judiciaire des questions
politiques et en foulant aux pieds les formalités essentielles
de la procédure.

Cette affaire, déjà si complexe, s'est encore aggravée par
suite du caractère national des Français et surtout par leur
emballement, qui leur fait perdre toute notion de vérité.
Par surcroît, on a vu surgir un courant inconnu et profondément attristant, l'antisémitisme odieux et féroce.

Qui aurait jamais cru que, sur cette terre bénie de France,
qui a donné à l'humanité tant de fils vaillants, où ont été
consacrés les principes immortels de liberté et de justice,
retentiraient un jour ces sauvages clameurs : « Mort aux
juifs ». En France ces cris sont absolument incompréhen-
sibles parce que la France ne peut ni ne doit faire bon
marché de son glorieux passé.

Dans l'affaire Dreyfus, une illégalité avait été commise,
dit-on ; mais, dans l'affaire Esternazy, cette illégalité a été
flagrante. Le gouvernement a commencé l'instruction de
cette dernière affaire avec un mauvais vouloir évident ; il a
eu, pour ainsi dire, la main forcée, il n'a cessé d'affirmer,
avant le verdict de 1898, l'infaillibilité des juges de 1894 :
aucune erreur judiciaire ne pouvait avoir été commise. Le
gouvernement a apporté une insistance singulière à faire
croire que l'agitation faite en vue de la révision du procès
Dreyfus, n'était qu'une campagne malhonnête ayant à sa
tête un groupe de juifs.

Les hautes sphères militaires ont adopté le système du
gouvernement. On a découvert alors que « l'honneur de
l'armée » était en cause. Et l'affaire a perdu son véritable
caractère ; elle est sortie de la voie juridique ; au lieu de
l'étudier avec calme, sans partialité, au lieu de rechercher
si on n'avait pas condamné un innocent, un innocent chré-

tien ou juif, peu importe, des cris de haine et de passion ont
été proférés pour étouffer la voix de la justice. On a entendu
les outrages inqualifiables d'une presse menteuse et vénale ;
les manifestations du ruisseau ont suivi et une foule fanatisée a hurlé : « Vive l'armée, à mort les juifs ! »

Malgré les efforts du gouvernement pour sauver les apparences, nous devons reconnaitre qu'il a fait preuve de
partialité, surtout en faisant intervenir sans aucune raison
l'honneur de l'armée dans une affaire purement judiciaire.
En quoi cet honneur eût il été atteint s'il avait été prouvé
que Dreyfus fût victime d'une erreur judiciaire?

Les juges de 1894 ont pu ne pas remplir toutes les formalités légales, ils ont peut-être été induits en erreur, on a
pu leur montrer de faux documents. En quoi l'honneur de
l'armée aurait-il pu en souffrir? Quelle institution humaine
est donc infaillible et parfaite?

C'est donc uniquement le gouvernement français qui est
responsable des fautes commises. Malgré ses apparences
trompeuses de correction et d'équité, c'est lui le vrai coupable. La conscience publique est bouleversée. Tout ce que
la France compte de noms glorieux s'est ouvertement rangé
du côté des défenseurs de la justice et proteste contre l'ar-
bitraire et l'illégalité.

Ce n'est pas seulement la revision du procès Dreyfus que
réclament les protestataires, c'est pour la défense des droits
les plus sacrés qu'ils se sont soulevés d'un commun accord.

Ce qui ressort d'abord de cette douloureuse affaire, c'est
la condamnation irrémédiable de ce qu'on nomme les « tribunaux secrets. »

Dreyfus et Esterhazy ont été jugés à huis clos, et comme
personne ne sait au juste quels étaient les motifs véritables
de la condamnation de l'un et de l'acquittement de l'autre,
on est parfaitement en droit de se dire que ces deux jugements ont été prononcés avec partialité. D'ailleurs, ce n'est
plus un secret pour personne que Dreyfus a été condamné
sur des pièces secrètes, apportées aux juges militaires dans
la chambre des délibérations, sans que l'inculpé et son
défenseur en aient eu connaissance. Et quand MM. Méline
et Billot déclarent du haut de la tribune que Dreyfus a été
« justement et légalement condamné », nous leur répliquons
à regret qu'un gouvernement qui se respecte ne peut avoir
recours à des affirmations aussi téméraires.

Si le gouvernement avait voulu déférer le capitaine
Dreyfus à un tribunal militaire sur le chef d'espionnage, il
fallait que les portes du tribunal fussent grandes ouvertes,
il n'existait pas de raisons politiques pour agir différemment.

Puisque vous avez traîné un officier devant des juges et
que vous l'avez accusé du plus abominable des crimes, il
fallait employer, pour le convaincre de ce crime, des

moyens honnêtes, et produire des preuves éclatantes, et non pas user de procédés louches, ou de rapport de police incontrôlables ; il ne fallait surtout pas chuchoter des mensonges à l'oreille des juges. D'ailleurs, les tribunaux composés de militaires sont toujours inféodés au prestige de l'uniforme ; ils s'inclinent devant la hiérarchie, devant les galons de leurs chefs. On ne peut guère leur accorder de confiance. En Angleterre, les jugements prononcés par les tribunaux militaires sont soumis, sur la requête de l'inculpé, à la chambre de revision composée de douze membres exclusivement recrutés dans l'élément civil.

Le procès Dreyfus-Esterhazy restera comme un monument dans les annales judiciaires. *Il a soulevé une protestation unanime de tous ceux que passionne la véritable équité.* Ils se sont élevés contre les mystérieux tribunaux d'inquisition où retentit le cliquetis des sabres, ils se sont insurgés contre les violations de la loi, contre les dénis de justice.

D'autre part, cette affaire a montré quelles passions aveugles, quels bas instincts de bêtes fauves déchaînées recèle la foule ignare, dans ce pays qui compte parmi les plus éclairés de l'Univers et qui devrait marcher à la tête de la civilisation.

ZAKRESWSKY.
Sénateur de l'Empire russe.

LE PROCÈS ZOLA

De quelque manière que se termine le procès actuellement pendant devant la cour d'assises de la Seine, — procès intenté à M. Émile Zola accusé de diffamation contre les membres du conseil de guerre qui ont jugé le commandant Esterhazy, — que Zola soit condamné ou acquitté, la seule question qui nous intéresse vraiment, c'est la question juridique. Il reste en effet acquis, et cela sans le moindre doute pour tous ceux qui ont suivi minutieusement ce procès, que l'accusé a atteint son but quand, par la violence des accusations qu'il a formulées contre certains personnages militaires, il a obligé le gouvernement à le poursuivre. Le résultat juridique qu'a eu le procès Zola a été de démontrer d'une façon indiscutable que le jugement en vertu duquel le capitaine Dreyfus a été condamné, dégradé et déporté, avait été accompagné du mépris des formes les plus élémentaires, des garanties essentielles à tout procès régulier, — qu'il soit civil ou militaire. *Un semblable procès n'aurait pu avoir de consécration légale dans aucun pays ayant la prétention d'appartenir à la grande famille des nations civilisées.*

Zola voulait prouver que Dreyfus avait été la victime d'une erreur judiciaire. Le romancier français n'a pas réussi à faire établir l'innocence du condamné, et en réalité cela ne lui était pas possible. En premier lieu, parce que l'innocence ou la culpabilité de Dreyfus n'était pas mise en cause. Puis, surtout, parce qu'il a été interdit à Zola de faire interroger les témoins sur cette question obstinément prépondérante, bien que certains officiers privilégiés en aient abondamment parlé. Pourtant, Zola, au moyen de son procès, a fait la démonstration la plus probante de ce fait capital : Au moment du procès Dreyfus, par ordre du ministre de la guerre, Mercier, il fut présenté aux juges, dans la chambre des délibérations, un document trouvé soit par des agents secrets du ministère de la guerre ou de tout autre manière, document soi-disant accablant pour Dreyfus, et qui ne fut montré ni à l'accusé ni à son défenseur. *De cette façon, Dreyfus lui-même ne put savoir de quoi il était accusé.*

Si les choses se sont bien passées ainsi, Dreyfus n'a pas été jugé et il s'est accompli là un acte qui constitue la néga- tion de tout ce qui peut-être considéré comme un jugement légal. Après une pareille révélation et quoiqu'il arrive au courant du procès de Zola, quelles que soient les dépositions des témoins, de quelque manière que s'embrouillent les esprits sur la question des écritures, de quelque nature que soient les discours des uns des autres, **la revision du procès de Dreyfus s'impose par la force même de la loi.**

Le général Mercier pouvait aplanir tous les doutes d'un seul mot. Il dépendait de lui d'affirmer que le procès Dreyfus avait été jugé en tous points conformément à la loi. Le défenseur de Zola a tout fait, et même au-delà, pour l'y amener, prévenant même l'ancien Ministre de la guerre que d'une seule parole, que de sa parole de brave et loyal soldat, dont personne ne douterait, il pouvait faire crouler tout l'échafaudage de la défense. Malgré cela, le général Mercier ne s'est pas décidé à déclarer qu'aucune pièce secrète n'avait été communiquée aux juges dans la salle des délibérations. Il s'est réfugié derrière le secret professionnel, qui ne pouvait servir d'obstacle quand il s'agissait de dissiper des doutes terribles sur l'illégalité de la marche du procès

Du moment que les chefs supérieurs de l'armée ont considéré qu'ils avaient le droit de venir déclarer Dreyfus coupable (selon leur conscience, je veux le croire!, *rien ne pouvait les empêcher de calmer l'opinion publique par une protes- tation véhémente contre les accusations d'illégalité dont ils avaient à souffrir.* Mais ils ne l'ont pas fait. De plus, il semble ressortir des débats que cette fameuse pièce n'était, selon toute vraisemblance, un secret ni pour l'ancien président Casimir Périer, ni pour les anciens ministres de la justice Thévenet et Trarieux.

Et ils se sont tus au moment où ils ont appris cette violation de toutes les lois! D'anciens ministres s'écrient aujourd'hui : « Quel désordre! Dans quel pays vivons-nous?... » Mais n'eût il pas mieux valu, au lieu de ces exclamations tardives, quoique sympathiques, parler plus tôt, parler à temps, alors que ni la rue, ni les passions déchaînées par la presse ne s'étaient encore mêlées de l'affaire, alors que la question Dreyfus, encore purement judiciaire et permettant tout au plus une discussion de droit, ne s'était pas encore transformée en une question démesurément compliquée qui fournit une sorte de champ de bataille à la politique, à la religion, au socialisme, à l'armée, aux querelles de partis, aux intérêts électoraux, et Dieu sait encore à quoi!

Il est cependant indiscutable que la loi française donne au Ministre de la justice une initiative très large dans des cas semblables à celui-ci. L'article 443 du Code d'instruction criminelle, parachevé le 8 juin 1895, permet au Ministre de la justice, sans l'intervention du condamné ou de sa famille, de proposer la revision d'un procès douteux, surtout dans le cas où un fait nouveau serait découvert. Mais admettons que dans le procès Zola, rien de nouveau n'ait été découvert et que cet article de la loi ne soit pas applicable.

En ce cas, il reste l'article 441, qui met le Ministre de la justice en demeure de faire prononcer par la Cour de cassation la nullité d'un jugement rendu dans des conditions contraires à la loi; ce cas s'est présenté souvent dans des circonstances de bien moindre importance.

Il est donc évident que les conséquences juridiques du procès Zola *sont claires*, indépendemment des suites qui en découleront pour l'accusé lui-même, indépendamment aussi de l'opinion qu'on peut avoir de son acte.

Mais l'affaire a eu lieu en France; or, peut-on compter, dans ce pays, sur une interprétation tranquille et juste de la loi?

D'un côté, nous entendons des déclarations comme celle-ci : « Le parti militaire se met au-dessus de la loi. » D'autre part, l'on entend les hurlements de l'antisémitisme, les clameurs du chauvinisme, les injures de la presse, et la rue qui crie : « A mort les vendus! A mort les traîtres! »

Le peuple français est un peuple magnifique, plein d'enthousiasme. Mais sa psychologie, comme d'ailleurs celle d'autres peuples, a des phénomènes particuliers! Parmi les phénomènes de cette psychologie, il en est un — la manie de la persécution — qui passe parfois de l'état chronique à l'état aigu, amenant une sorte de frisson dans tout son organisme social. Alors, apparaissent des *espions*. Partout, on n'aperçoit plus qu'ennemis occultes, intrigants et traîtres. Quand vient s'ajouter à cette crise nerveuse la provision d'amour-propre que ce peuple tient toujours en réserve, il est impossible qu'il n'attribue pas à une trahison ses moindres déconvenues

Combien n'avons-nous pas vu d'exemples de ce fait dans l'histoire de France? Qui n'a-t-on pas accusé d'intrigue au temps de la « grande révolution »? Et Mirabeau, et les Girondins, et les Hébertistes, et les Dantonistes, et, à la fin, les Jacobins — tous, à tour de rôle, ont été accusés de trahison! Et Louis XVI, et Marie-Antoinette, et Mme Elisabeth ont été jugés pour avoir trahi la France, pour avoir conservé des rapports avec les ennemis de la patrie. Pendant la Terreur les prisons étaient pleines « d'espions de Pitt », payés avec « l'or de l'Angleterre ». Qu'on se rappelle encore la guerre de 1870-71 et la Commune!

Qu'y a-t-il d'étonnant à ce que la foule, dans ce pays, en soit arrivée à la folie, quand elle apprit d'abord qu'on avait arrêté un traître — un « juif allemand » (Dreyfus est alsacien) — et plus tard qu'un soi disant syndicat juif, disposant de millions, faisait tout pour rendre cet homme à la liberté. Nous retrouvons aujourd'hui le même état d'esprit qui désignait les espions de Pitt comme payés par l'or de l'Angleterre. Et la protestation de Zola n'a fait que mettre de l'huile sur le feu.

Sans vouloir comparer Zola à Voltaire, nous pouvons cependant déclarer avec beaucoup de vraisemblance que, lorsque ce dernier poursuivait la réhabilitation de Calas, si les fanatiques qui avaient supplicié ce malheureux avaient disposé de journaux semblables à ceux qui déshonorent la France en ce moment, ils auraient certainement accusé Voltaire de s'être vendu à quelque syndicat protestant.

Mais ce qui est explicable de la part de la foule française ne pouvait pas être admis par les autres nations — surtout par celles qui ont la prétention de défendre la Pensée.

On ne peut attribuer qu'à la manie de la persécution unie à un amour-propre et à une vanité invraisemblablement gonflés, le sentiment de chauvinisme furieux qui s'est déchaîné, prêt à combattre lâchement ou violemment pour « l'honneur de l'armée », alors qu'en somme, il ne s'agissait que de la révision d'un procès jugé illégalement par la faute d'un petit nombre d'officiers transformés momentanément en juges.

Il ne faut pas oublier que l'application sérieuse et impartiale de la loi peut seule sauver actuellement la société de crises intérieures semblables à celle que traverse en ce moment la France, et qui prend chaque jour un caractère plus violemment orageux.

ZAKRZWSKI

JUS 98. — Vincennes, Imp. Lucien LÉVY, 2, rue Lejemptel.

www.ingramcontent.com/pod-product-compliance
Lightning Source LLC
Chambersburg PA
CBHW061810040426
42447CB00011B/2577

9 782329 172095